JN419538

계절 위를 걷다

계절 위를 걷다

1쇄 발행일 | 2025년 12월 10일

지은이 | 이윤석
펴낸이 | 정화숙
펴낸곳 | 개미

출판등록 | 제313 – 2001 – 61호 1992. 2. 18
주소 | (04175) 서울시 마포구 마포대로 12, B-103호(마포동, 한신빌딩)
전화 | (02)704 – 2546
팩스 | (02)714 – 2365
E-mail | lily12140@hanmail.net

ⓒ 이윤석, 2025
ISBN 979 – 11 – 993786 – 8 – 1 03810

값 13,000원

계절 위를 걷다

이윤석 시집

개미

도시 생활만 하던 제가,
고향에 가서 살면 좋겠다는 아내의 간청으로
그녀의 향리인 당진의 한 숲속에 둥지를 틀었습니다.
친구의 권유로 홍윤표 회장님을 만나
지도를 받고 문학세계에서 신인상을
받으면서 문단에 나오게도 되었습니다.
홍윤표 · 이종수 회장님과 회원들의 격려와 덕분으로
노년을 넉넉하고 따뜻한 자연의 품에서
안분지족을 노래하며
살게 되었음에 감사를 올립니다.

아울러
책이 나올 수 있도록 출간에 애쓰신 개미출판사의
최대순 대표님과
여러모로 미달하는 저의 졸작에 대해서
넘치는 격려를 해주신 오양호 평론가님,
그리고

일생의 반려로서 미력한 나와 손을 맞잡고 온갖 고
난을 함께 하면서
　　기꺼이 표지화까지를 그려 준 아내와, 여타의 수고
도 아끼지 않으신
　　유미경 선생님께도 감사를 드립니다.

2025년 늦가을
이윤석

계절 위를 걷다

차례

2부

3부

4부

해설

1부

숲속의 둥지

해 달 별 벗 삼으며
하늘 위 구름으로
그림 빚는다

편백 향기 따라 실려 온 바람
나무 사이에서 속삭일 때
철새들 깃을 치며
계절 속으로 둥지 튼다

사랑 담은 보금자리
붉은 저녁노을 속

한 폭 그림이 된다

자연의 마음

은하수 뿌리던 별들
잠시 숨 고르는 사이
먼동 트고

붉은 햇살
기지개 켜는
골망으로 쏟아진다

이슬 머금은 꽃잎들
반갑게 아침 인사하고
바람은 꽃잎 흔들어
그리움 피워 올린다

에메랄드빛 고운 마음 안은
분홍빛 작약
푸른 호수 속으로 헤엄치며
고요히 윤슬 빚어낸다

창밖은 그림

휘어진 산허리 타고 늘어선
농촌집과 논밭
창밖 그림 되었네

산새들 목청 높여 노래하고
살얼음 품은 개울
봄날을 속삭이네

남서풍 불어오는 골짜기엔
아직도 가지 못한 흰 눈
누비이불처럼 포근한데

머지않아 펼쳐질 봄의 향연
커피 한 잔 여유 속에
설렘으로 자리 잡고

창밖은 다시
한 폭의 그림이 되네

산의 마음

산봉우리 구름 담아
가까운 산 먼 산 함께 어우러졌다

초록 우산 세워진 숲속엔
아지랑이 머금은
풀과 나무 술렁대고
새들도 즐겁게 합창한다

눈 덮인 겨울 산 잊어버린 채
소생하는 만물들의 산울림

이름 모를 야생의 꽃들
반갑게 맞아주고
넓은 품 어머니 사랑
산 수풀 속에 가득하다

하늘 선물

등 굽은 언덕길 찾아가면
희고 붉은 꽃들
들러리 서서 맞이한다

참기 힘들어
숨이 헐떡일 때
살며시 달려온 바람
뿌리칠 수 없는 향기로 유혹하고

송글송글 맺힌
이마 땀 훔쳐내며
정상에 오르면
온 우주가 내 안으로 들어온다

작은 그림

산등성이 언덕 위에
작은 그림이 있다

작은 그림 속에
내가 있다

동서남북으로
병풍처럼
산이 둘러싸고 있다

숲과 꽃과 동행하면
새들도 따라와
노래한다

하늘과 땅
그림 속에
머문다

그리움도 사랑도
다 들어있는
그림 속은 나의 삶터

마음의 숲

저녁노을 지나간 뒤
산촌에 어둠 내리고
숲속 하늘 호수에
달그림자 내리면

별 하나
유난히 반짝이며
나를 부른다

내 눈동자 서성이는 아득한 천공
옹기종기 구름 떼와 숨소리 나누는
평화로운 밤
나직나직 별 속삭이는 소리 아련하다

짐승들 잠투정에
적막이 깃들 때
반짝이는 별 하나
내 마음에 평화를 안긴다

세상은 그런 거야
인생도 그런 거야 다 그런 거야
별이 토닥토닥 어깨 위에 내려앉아
재잘재잘 노래를 한다

산골에서

산허리 사이로
안개꽃 피고
붉은 해 말간 얼굴 내민다

새해 첫날 아침
산골에는
꿩도 노루도
새해 인사를 한다

눈 덮인 하얀 밭에는
새들이 먹이를 찾고
땅들도 겨울 가뭄 이겨내고
촉촉한 얼굴로 반긴다

편백나무 향기가
숨을 쉬게 해주는 하루의 행복
깊은 산골 숲속은
어느덧 봄이 멀지 않다

아름다운 자연과
하나 되어 살아가는 오늘도
빛나는 시간이 찾아와 함께 노래한다

구름

산봉우리 덮어
해 오름 감추는
구름

너울대며
날개 휘저어
햇살 가린다

파란 비를 뿌릴 것 같은
산과 숲
고요를 담으면

무거워서 낮게 드리운
하늘 아래로
바람이 달려와 어깨동무를 한다

빗방울 되어 자작나무 숲으로
강물 담은 바다로 달려간다

꽃밭 같은 하늘 속으로 행진한다

노을

산등성이 너머
물감 풀어놓은 태양
붉게 물들어 춤을 추고

수줍게 익은 매화꽃 닮은
붉은 수수밭
서편 하늘에 머무는데

논두렁 밭고랑 지나 들판길에서
뜨고 지고 돌고 도는
저녁노을

바람 언덕에 서서
고요하게
바라본다

새로운 내일을 약속하는
찬란한 빛의

아름다운 얼굴을

풍경

창 속 그림 속에 들어있는
자연들이
가슴을 설레게 한다

편백 나뭇가지
바람 흔들며
웃고 있고

그리움 토해내는
하얀 꽃잎
구름 바람 청솔 어울려
합창한다

계절 지키는 숲속의 파수꾼
물방울 따라가는
빗소리
맑은 새 재잘거림

푸른색을 사랑하는
창밖 그림은
가랑잎 쌓이는
숲속 그리움으로 흐른다

안개

이른 아침 산속
바다가 되었다
내 발이 머문 곳
섬이 되어 떠 있다

울창한 안개 숲 사이로
피어나는 추억들
꿈꾸듯
하나씩 더듬어본다

잠시 후면
확연히 드러날 그곳
커다란 화선지 되어
설레는 봄 부려놓는다

섬 속에 갇혀 있던
내 마음
봄 속으로

흘러 들어간다

사랑의 연가

비 오는 날
창밖 그림은
더욱 푸르게 빛이 난다

나뭇잎들은 더 푸르고 싶어
입 벌려 목마름 채우고
방울 그리며 달려오는 비를 맞이한다

푸르름은 더욱
찬란히 빛나고
가지는 통실통실 살이 오른다

동그란 빗방울
나뭇잎에 통 통 통
경쾌한 노래 부르는

비 오는 날의 낭만
향긋한 커피 한잔에

세상이 다 내 것이 된다

꽃 마음

짙은 초록빛 언덕에
향기로운 꽃 한 송이

달빛 듣는 밤 지나고
동 트는 새벽 따라

몰래 이슬 안고
바람 꽃잎 흔든다

벌 나비 유혹하며
사랑 노래 부르며 춤 추는

꽃의 마음으로
예쁘게 살고 싶다

수선화 1

아름다운 그대여
오,
그대여

언 땅속에서
인고의 겨울 보내고
잠에서 깨어난 뿌리

바람 나불거리는 꽃대 위에
슬픔 아픔 이겨내고
아름다운 꽃으로 나를 찾아왔구나

편백나무 울타리 언덕 위에
산여울 바람 맞으며
물방울 꽃잎 달아놓고
춤추며 노래하고 있구나

활짝 웃으며

나를 반기는구나

아름다운 그대여
나를 미소 짓게 하는
그대여!

2부

소나무

늘
그리움 안고

햇살만 바라보며
사랑하다

등이 굽은
너의 모습

나를 닮았다

고목의 몸부림

웅장했던
너의 모습
다 어디로 갔을까

용트림하며
대지를 찢고 올라왔던
그 뜨거운 열정
어디로 사라졌을까

하지만 나는 믿어

작은 소망 안고
가지 속에 품은 잎들
조심스레 밀어올리고

꽃도 다시 피울 것이라고
믿고 있어
꼭 일어날 것이라 확신해

갈 길 먼 인생

소털만큼 많던 세월 다 가고
바람에 낙엽 뒹군다.
저문 강안江岸
태양은 서산 앞에서 멈칫거린다.

수액은 뿌리로 내려가고
겨울이 오는 속도만큼
높고 낮은 산새 헤치고 달려온 인생

그 인고忍苦의 세월 목에 걸고
가을 끝자락에
나무에 지는 노을빛 쪼개는 망 산수傘壽

푸른 잎도 언젠가는 떨어지는데
진홍빛으로 물든 황혼의 바다 가운데
떠 있는 섬

하지만 파도는 잠들지 않고

해도 지지 않는다.

아직 먼 인생 길.

지나가는 세월

푸른 강물 따라
대호대교에
토실토실한 비가 내린다

은빛 벚꽃 터널 따라
차창 속으로 들어오는
마음 쉬어 가게 만드는 그림

꽃잎은 바람 따라 휘날리며
나그네 가슴속으로
사락사락 스며드는데

피었다 지는 것이
자신의 사명임을 아는지
묵묵히 꽃비를 뿌린다

하얀 꽃비 퍼레이드 속으로
세월 잠시 묶어 둔 백발의 나그네도

오늘은 꽃비가 되고 싶어진다

봉선화

배롱나무 밑 정원을
온통 점령한 봉선화

설레는 추억 한 장
데려다준다

노을빛 가득한 아내
꽃잎 따서
손톱에 물들이며
소녀같이 행복한 미소 피워 올린다.

그런 아내 바라보고 있는 나는
타임머신을 타고
수줍은 소년으로 되돌아가
발그레한 미소 짓고 있다.

아내 얼굴 위로
봉선화 꽃물 가득 들고

내 얼굴에는
아내의 행복한 얼굴이 물들고

여행

달빛 속을 흐르며
별 따라 바람 언덕을 넘는다
계곡 속 숨어있는 희망의 향내
살포시 껴안는다

울창한 초록 숲
파란 바람 일구어
하늘 마당 한곳에
구름 속 나를 담군다

언젠가는 끝날
여행이지만 아직은
멈추고 싶지 않다

다리에 힘을 주고
얼굴 가득 희망을 담아
콧노래 흥얼거리며
오늘도 별 따라 걷는다

비 오는 날

들풀 뛰는 언덕 바라보며
생각의 씨앗 심는다

잠시 이곳에
여행 온
나

고통도
아픔의
시간도

행복도
즐거웠던
시절도

푸른 숲이
위로의 마음
움트게 한다

여리고 수줍은
꽃잎같이
세월은 흘러가고

고장 난 트럭 같은 내 육신
바람처럼 비처럼
휘어진 거울 속에 담아보게 한다

면류관

여보게 친구
팔순 축하 노래하자
먼길 돌아돌아 여기까지 왔네

황톳길도, 자갈길도
태산도 험한 산도
풍랑 거센 파도 속도
나그네 인생길이었네

봄날 꽃향기 같은 세월도
산들바람 같은 풋풋한
사랑도 해봤지

지금은 고장 난 트럭같이
성한 곳 없지만
그래도
이만한 것이 어딘가

서산 낙조가 더 아름답듯
우리 인생
이만하면 아름답지 않은가

자!
우리 함께 축배를 들자

세월

어머니가 주신 선물
검은 머리
산전수전 공중전 힘든 세상 탓에
하얗게 변해버렸네

마른 고목나무가 되었네
고통도 행복도 함께한 세월
표창장으로 흰 머리카락 받았네

스쳐 지나가는 바람 소리
수평선 저 너머로
저녁노을 지는데

불쑥
떠오르는
얼굴 하나

흰 머리카락 휘날리며

홀로
강가로 달려간다

나도
젊음이 있었노라
소리 지른다

감사

기계도 오래 쓰면
고장 나듯이
내 몸도
고장 난 곳들이 늘어나고 있네

그러나
나는 감사하네

볼 수 있어 감사
먹을 수 있어 감사
말할 수 있어 감사
걸을 수 있어 감사

나이 먹어 불편한 곳도
많지만
여기까지 인도하신
하나님의 한없는 은혜가
나를 견디고 버티게 하네

감사하게 하네

위로

외진 산골 언덕 타고
그리움 안은 붉은 연산홍

한들한들 바람 키우고
초록빛 나무 사이로
빨갛게 계절을 태우며 걸어간다

햇살이 내려오면
살며시 다가가 속삭인다

아직은 늦지 않았다고
찬란한 꽃도 피울 수 있다고
봄은 늘 다시 찾아온다고

하품은 꽃으로 피어나고
눈물은 가슴에 담는 게 인생이라고
연산홍이 나를 보며 웃는다

인생

뜨거운 햇볕
고스란히 받으며
풀과 씨름한다

이른 아침부터 늦은 밤까지
흐르던 달빛 사라질 때까지
멈추지 않는다
멈출 수 없다

햇살이 피기도 전에
아침이슬 가득 머금고
말간 얼굴 내밀고 있는 풀과
오늘도 씨름한다

따끔거리는 눈 속에서
땀이 솟아올라도
온몸 흥건히 젖어 들어도
그만둘 수 없다

왜 이렇게
날 힘들게 하냐고
잔소리해도 모른 척
자꾸 키만 높이는 풀

풀과 싸우지 말라는
농부의 충고
귓등으로 흘린 채
또다시 씨름 준비한다

가을이 찾아와야 끝날 싸움,
봄이 오면 다시
시작될 것이지만

한동안은 조용할 것이다

자연의 시계

봄
여름
가을
겨울

자연의 시계는
여전히 예전 속도로
변함없이 돌고 있는데

내 시계는
나날이
빨라지고 있다

젊었을 때는
그리도 느리게 움직였던 시곗바늘들
나이가 들어가면서
왜 이렇게도 빨리 달려가는지

시간에 맞춰 따라가려니까
숨이 너무 가빠
심장이 두근거리고
온몸에 힘이 남김없이 빠지고 있어

시곗바늘이
빨리 달리지 못하도록
잡아 묶어두는
방법 없을까

삶

동쪽 창문을 두들기고 간
보시시한 햇살
어둠을 걷어내고
아침 마음을
창가로 옮긴다

이슬 머금은 꽃들이
아침을 열고
아름다운 새들은
나뭇가지에 앉아 하루 시작을 노래한다

오래 머물면 싫증날까
잠시 잠깐 피었다 지는 꽃처럼
길가에 핀 들풀 같은 삶
지나온 세월 생각해본다

살아 있다는 것이 아름다운 삶이라고
하늘이 넌지시 알려준다

만남

서 있는 것도 힘들고
바람의 숨결조차
숨어버린
폭염이 가득 내린 한낮

나비는
꽃을 찾아
입맞춤하고

매미는
높은 가지에서
목소리 뽐내는데

나는
그들을 보며
어릴적 친구들을
불러본다

코스모스 활짝 핀
들판 뛰어다니며
곤충채집하며 땀에 젖은
모습으로 입이 터질 듯 웃었던 순간들

지금 그 친구들은
어디서 무얼할까
가을바람 달려오는 소리 들리면
그날의 친구들이 그리워진다

자연에 산다

산허리 언덕 위에
초막 짓고
자연에 산다

파도치는 세상
난파선도 타보고
희노애락 속에서

고통도 영광도 행복도
자연 속에 묻어두고
사랑을 노래하며 자연에 산다

머잖아 달려가서 나룻배 타고
라스트 댄스 추며
건너갈 그 강,

그날을 기다리며
오늘도 나는

자연에 산다

홍수

조각구름 핀 하늘
아름답지만
먹구름 모이고 모이면
무거워져 무섭게 변해

폭우로
물 폭탄으로
바다 이루고
널 뛰듯 모든 것 삼켜버리지

어젯밤 하늘은
왜 그렇게 울었는지
슬픔 아픔 고통 남기고
장맛비는 하늘 덮고 있다

자연을 버린 인간들의 욕심
아프다고 울부짖던
나무와 숲과 강과 동물들의

처절한 목소리 외면한 대가

하늘의 심판인가
욕심이 만들어낸
눈물의 늪인가
스스로 판 형벌의 무덤인가

오늘도 자연 앞에 서서
겸허히 나를 돌아본다

둥지

멀리서 들려오는
새 울음소리에
장막 젖히고 새벽의
빛을 쏟다

해오름 시작되면
나뭇가지 끝에
나타나는 둥지

어미 새 품속에서
알 깨고 나온
새끼들 노래한다

아름다움 가득 찬 둥지에서
사랑을 찾는
이 나그네도
행복한 삶을 길어 올린다

들꽃

넓은 들판에
옹기종기
꽃들이 모여 있다

바람이 불면 옆으로 조용히
몸 누이며
고개 숙인다

빨강 주황 노랑
초록 파랑 하양
각양각색 멋 내어 뽐내다

나그네 지나가면
바람 타고 얼른 달려가
향기로운 합창 들려준다

외로운 들녘의 잊혀진 들꽃들
오늘도 나그네에게

사랑을 전해준다

짓궂은 비바람
혹독한 계절
묵묵히 견뎌내며

3부

봄을 열겠네

가을 햇살 달려와
동창을 두들기네

개구리 울 때 모 심고
귀뚜라미 소리에 맞춰 추수하는
산 좋고 물 좋고
공기 좋은 이곳

예쁜 소녀 춤추는
숲속 하늘엔
구름도 달려와 있네

호박전 부쳐
막걸리 잔 나누며
울퉁불퉁했던 과거
이바구해보세

얼음 풀리고

아지랑이 손짓하면
꽃캉스 가보세

얼시구 절시구 지화자

봄바람 꽃바람

먼 지평선 넘어서
봄바람이 왔다
꽃내음 풀향내 안고
남녘에서 여기까지 찾아왔다

졸졸졸 흐르는
여울물 소리도
데려왔다

나무마다 새싹 틔울
푸른 물감도
넘치도록 안고 왔다
처마 끝 제비 가족도 뒤를 따라왔다

봄바람에 꽃바람에
마음이
햇살처럼 설렌다

봄바람님
어서 오세요
꽃바람님도
어서 오세요

봄은 다시 온다

꽃이 진다고 슬퍼하지 마라
꽃은 피고 지는 것이다

꽃잎이 떨어진다고
슬퍼하지 마라

꽃이 피면
벌 나비 잠자리
찾아오지만

떨어지면 외면당한다고
낙담하지 마라

봄이 오면
다시 찾아올 것이니

잊지 않고 달려와
뜨겁게 안길 것이니

4월

붉고 하얀 꽃송이가
아침 햇살에 타오른다

잔잔한 호수에
동그라미 그리고
종소리 피어나듯 향기 뿜는다

그리움 담아
아름다운 사랑의 노래 부르던
연초록의 반짝이는 이파리들

꽃이 피는 아침
흐릿한 물안개 속 세상
삶일지라도

푸른 바다에
회오리치는
파도 사납게 뒤집혀도

향기롭고
부드러운
작은 바람 별이 되어

초로의 마음에
아직은
꿈을 꾸게 한다

봄꽃

안개처럼 모습을 보이지 않지만
봄은
소리 없이 몰래 다가온다

놀란 구름 하늘 가리고
여울엔 조용한 흐름이 기다릴 때

얼어 있는 대지의 가슴 열게 만들고
죽어있던 가지에 생명 움트게 한다

진달래 개나리 철쭉 매화 벚꽃
숨죽이고 기다리던 꽃가지에

후~후~
꽃바람 불어 넣는다

산과 들에 피어나는
꽃들의 향연

봄이다
나와 너를 살아나게 만드는
봄이 피어난다

빛

낮 동안
태양의 사랑
듬뿍 받고

어두운 밤에게
빛나는 사랑
넘치도록 나눠주는

든든한
파수꾼,
너를 닮고 싶구나

봄을 기다리며

봄은
사랑이 움트는
가슴에서부터 온다

오동나무 가지 사이로
개울물 소리 따라
들판 속으로부터 온다

비 맞은
가랑잎 가슴에
봄의 소리 피어난다

새들은 점령군처럼
들판 누비고
마지막 여행 준비하며 분주한데

서리 내린 나무는
떠나는 겨울 아쉬워

눈부시게 아름다운 눈꽃 뿌려준다

아, 벅차도록 설레는 계절이여
고목에 꽃 피듯
아름다운 향내로 오소서

부푼 가슴 활짝 열고
당신 맞을 준비
오래전부터 하고 있습니다

봄비

나뭇가지로
꽃봉오리 위로
봄비 달려온다

메말랐던 나무에
물방울들 조심조심
생명 불어준다

산허리와 들판에
작은 바람
깨어나고 있다

하늘은 구름 뒤에 가리워지고
꽃들은 뿌리 속에 숨어
안도의 숨 내쉰다

그리움 담은 하얀 물방울 새싹 틔우고
세월은 강물처럼 흘러

보고픈 마음 봄비되었다

겨울 나뭇가지들
하나 둘
숨겨놓았던 새옷 갈아입는다

채송화 연가

아침 이슬 속
작디작아 부끄러운 꽃
햇살에 눈이 시려
얼굴 붉힌다.

오래 보면 정들까 봐
잠시 잠깐 얼굴 내밀다
숨어버리는 베일 속 얼굴

뜨락 속 꽃잎들
노래하는 아침이면
별처럼 사라진 너를 찾아
가을빛 흐르는 구름다리 건넌다.

사랑 품은 그리움 안고
그리움 안은 사랑 품고

기다림

지금은 한겨울
기다림의 계절

다시 찾아올 봄 풍경 그리워
매서운 바람 견뎌내고
차가운 눈 다 맞으며 기다리고 있다

붉은 동백꽃 사이로 난
긴 터널 벗어난 곳에
봄 향기 다가오는 소리 들리면

나무들 푸른 옷 준비하고
들풀들 기지개 켜고
춤출 준비 마친 나만의 율동

오늘도 태양은 떠오르고
해가 질 때 나타나는 찬란한 노을
기다림 속 노래에 젖어든다

계절 위를 걷다

뜨거운 햇살 아래
붉은 얼굴 활짝 피어나
웃고 있다

돌처럼 단단한 가지 뚫고 나온
꽃망울들
기어이 사랑을 터트리고

선홍빛 꽃망울
긴 장마와 불덩이 무더위도 이겨내고
눈부시게 여름을 건너가고 있다

이글거리는
불꽃 덩어리로
세상과 인사하고 있다

긴 여름 묵묵히 걸어
안개 속에 떠오르는 작은 숲에

붉은 배롱나무 꽃덤불이 가을을 부르고 있다

가을을 기다리는 여름

태양은 가까이서 더위를 뿜어내고
바람도 더위 기세에 눌려
신음소리조차 내지 못한다

땅도
하늘도
찜통이다

자연은 순응하라 하고
숲은 그늘을 늘이고
아미산 여울은 졸졸 흐른다

짝 찾던 매미 울음소리
어느덧 고요를 낳고
푸른 들판은 익어간다

여름이
가고 있다

꼭 다시 온다

찬바람 속에 갇혀 있는
겨울 산 언덕에서
물안개 출렁이는
숲을 바라본다

초록 광장은 푸르름 잃고
앙상한 나뭇가지 숨을 죽이고
바삭이는 이파리들 바람에 쫓겨
어지럽게 나뒹굴고 있다

고요가 만들어낸 침묵 속에는
아직도 살아있는 가슴
두근거리게 만드는
새들이 노래하고

달빛으로 빚은
하얀 세월
가을 여행 마치고

겨울 속으로 걸어가고 있다

흐르는 강물도
사라진 시간도
잡을 수 없는데
겨울은 흐르고 있다

그래도
꽃피는 뜨거운 여름과
열매 맺는 가을은
꼭 다시 올 것이다

가을 노래

가을이 익어가는 시간
이파리는 말라 떨어지지만
뿌리는 겨울 맞을 준비한다.

동구 앞 코스모스
가녀린 목 빼고
집 떠난 지아비 기다리고

선물처럼 찾아온 하루
푸른 하늘도 바람 타고
흐린 창가 그림처럼
저물어간다.

초저녁 별빛 허전하고
달무리도 외로운 시간
산등성이 국화꽃
무리무리 노랗게 피어나는데

산 비둘기 목을 열어
짝을 찾아 고개 넘는다.

고개 저 너머로
가을은 익어가고

가을이 오는 언덕 너머
언덕 너머 山 山 山
강물은 또 몇천 리

산 다하고 물 다하는
이곳
새 둥지 5년
시간은 귀양가고 없다.

단풍

뭉게구름 머리에 이고
산마다 그림 그리기에 신이 났다

초록빛 산들
저마다 타고난 솜씨 자랑하며
붉은색으로 치장하는데

펼쳐진 산허리 바라보며
마음속에
고운 그림 그린다

세월은 강물처럼
오늘도 바쁘게 지나간다

가을이 오는 소리

푸르던 들판
황금색으로 빛나고

산모의 고통 같은 인내로
뜨거운 태양열
튼실한 열매 탄생시킨다

가끔씩 내리는 소나기
땅의 열기 씻어주고
오동나무 잎 가을 부르며
한 잎 두 잎 떠나가면

새까만 농부 얼굴에
만족의 꽃송이 피어난다

겨울엔

태양도 피곤한가 보다
뜨거웠던 여름 열정도
가을의 넉넉함 그리며

찬 바람에 놀라
움츠려든다

메마른 나무
가지 흔들어
추위 이기려 안간힘 쓰고

겨울 태양은
잠꾸러기인가
서둘러 어둠 만들어
숨어버리는 것을 보면

머지않아 찾아올 봄을 기다리며
마음 담아 노래한다

겨울 또한 아름답다고

4부

시골집

사람 온기조차 사라진
텅 비어 버린 세월

일곱 식구 옹기종기
방 하나에 살았는데

여기 있던 가족들
다 어디 갔지?

정류장

길에는 수많은
네가 기다리고 있다

사람들이 붐비는 곳에도
바람 소리마저 끊어진 곳에서도

너는 말없이 서서
온종일 기다리고 있다

이른 새벽부터
새로운 새벽이 올 때까지

너를 볼 때마다
생각한다

나는 어느 곳에 있다가
이곳까지 흘러왔나

너는 왜
나를 기다리고 있었나

담쟁이덩굴

오직 벽만 바라보며
쉬지 않고
기어오른다

사랑과 그리움 담아
간절함으로
너의 마음을 향하여 간다

늘 한 곳만 바라보는
빛바래지 않는
귀한 마음

세찬 칼바람 속에서도
버리지 못하고 인내한다
벽 하나에만 기대어

아직은 익지 못한 가녀린 잎
붉게 익을 때가

올 것이라 믿으면서

나들이

오월
붉은 장미꽃 사이로
봄바람
솔 솔 솔

글 쓰는 농부들
씨 뿌리기 위해
소풍 가는 날

아카시아꽃
하얀 향기로
유혹하는데

소년 소녀 마음 되어
넓은 바다 사랑 속에
어머니 닮은 보령댐 마음 안고
꽃잎 미소 띠며 하나 되었다

당진 보령 문협회원들
손잡고 춤추는 소풍,
아름다웠다

시골 풍경

감자밭 고랑 손질하여
심은 지 얼마던가

파란 감자순이
소복소복 탐스럽다

고구마순은
심을 준비하느라 푸르다

논 갈고
모 심을 때 되면
농촌은 늘 바쁘다

농부는 고령화되고
굽은 허리 펼 날 없는데

하늘은 푸르고
들도 산도 파란 옷을 입었다

풍요를 기다리는 농부는
자연과 어울려
한 폭의 그림이 되었다

장날

옛날 생각하며
장 나들이에 나섰다

고개 넘어 가는 길은
이제 나이가 들어
한꺼번에 넘기가 힘이 든다

잠시 쉬어 가면서
추억을 더듬는다

가난해서
보리죽 콩나물죽으로
허기 채우던 보릿고개를

장날에 찾아가면
풍성한 먹거리에
유독 배가 더 고팠지

그 시절 지낸 사람은
이제 늙어 가는데
풍요로움 넘쳐나는 지금

그때가 아련히 그리워
달려가고 싶다

해는 뜬다

노을빛 석양
졸린 눈 비비며 서산 넘는다

바다 닮은
푸른 하늘에
별 하나 반짝인다

어둠은 밤을 낳고
밤은 새벽을 부르고
나뭇잎들 바람에 흔들려
소쩍새 울음 속으로 잠겨들면

아쉬운 마음 접고
오늘을 배웅한다
내일은 또다시
붉은 해가 뜰 것이기에

안면도에서

먼바다로부터 밀려오는
파도 소리에
튤립 환하게 웃는다

작은 꽃
송이송이 모여
큰 바다 이룬다
행복한 함성 들린다

귀 기울여 듣지 않아도
환희의 목소리
달려와 머문다

심장 뛰게 만드는 꽃 나들이
행복 가득 싣고 달려와
향기로운 봄 내음
가슴에 뿌린다

꽃밭에서 들려주는
사랑 노래 들으며
무리 속으로 행복 담근다

까치밥

서리 내린 뒤에도
감나무 가지에는
옹기종기 감들이 모여 있다

잘 익은 홍시들
두리번두리번 고개 흔들며
찾아올 손님들 기다리고 있다

넉넉한 주인의 인심이
감나무 가지 위에
소복소복 쌓여 있다

소식 들은 까치들
풍성한 먹거리에
감사하다고

깍깍깍깍 깍깍깍깍
목청 높여

인사 올린다

하루

기우는 서편 하늘
끄트머리에
홀연히 떠 있는
붉은 그림

푸르른 강물
지평선 위에
그려지는
아름다운 눈동자

하얀 구름 춤추고
여름 낙조 고요히
강으로 바다로
흘러 흘러

그리움 타고
산봉우리 뒤로 숨으며
고요히

어둠 부른다

숲 가에 서서

우거진 숲 가에 서서
나를 생각해본다
숲은 어둡고 아름다운데
별은 보이지 않는다

겨울이 되어서야
푸르른 여름 그리워하건만
하늘의 별을 보고
가슴 여는 아름다운 감정

키케로는 젊은이 같은
노인이 되라 했는데
나는 여전히
노인에 머물고 있다

숲 가에 서서
젊음을 생각해본다
아름다운 나를 찾아

단단한 발자국을 만든다

내일의 노래

동 트는 새벽 열며 어둠을 지운다
이 모습 저 모습
모두 눈 안으로 넣으며
나의 삶 온전히 느껴본다

아침과 저녁
하루는 어느 순간
남김없이 지나가고
시간은 흘러

저녁노을 서쪽 하늘 속으로 숨어 버렸다
멈칫멈칫 망설이던
수줍은 얼굴의 노을
손 흔들며 인사할 때

또다시 찾아올 내일 기다리며
아름다운 풍경 속으로
잠시 들어가

잔잔한 그림이 되어 본다

수선화 2

봄이 오면 서둘러
꽃망울 터트려
가녀린 몸매 흔들며
해맑게 웃는

노란 물결 출렁이는
수선화 동산에는
기쁨과 환희의 함성 가득하고
봄 인사 나누느라 바쁘다

수줍은 듯 손 흔들며
부끄러워하는 그 모습에
절로 웃음 머금게 되는
향기로운 봄날

사랑스런 그대,
봄의 전령이여
내 마음에도 봄이 피어날 수 있게

사랑을 가득 채워주렴

각오

세모난 내 가슴
네모난 내 마음

하늘 속
달처럼
별처럼

둥글게
반짝이며
따뜻한 마음으로

살아가야지

분통이 터지는 일이 있어도
억울함이 심장을 뚫어도
고통이 뼈를 녹아내리게 만들어도

둥근 마음으로

따뜻한 미소로
반짝이는 눈빛으로

살아가야지

풍자

근로자의 날
일할 곳이
없다

어린이날
어린이가
없다

어버이날
공경하는 마음이
없다

스승의 날
존경하는 마음이
없다

나라 사랑

연두 꽃 햇살
출렁출렁 넘치는
산허리에
만해 한용운 선생의 생가가 있다

빼앗긴 조국 독립 위해
씨앗을 심고
마음 담은 숲에
님의 침묵으로

붉은 심장 던져 만세 외치며
조국 독립 기틀 세운
우렁찬 함성
메아리 되어 돌아온다

침묵은
함성이 되고
함성은 다시

침묵이 되고

은혜

지금까지
잘 견뎌온 건
모두 하나님 은혜

도시 생활 접고
시골에 온 것도
하나님 은혜

자연 속
평화로운 삶도
하나님 은혜

푸른 숲 둥지에서
천국을 소망하며
내일도 오늘처럼
그렇게 평온하게 살아가야지

마음

아름다운 푸른 숲 속에서
생활한다고
늘 푸른 마음만
있는 것이 아니다

가시 같은 마음
칡넝쿨 같은 맘
지는 꽃잎 같은 마음들
나날이 뒤엉퀴어 달려온다

그때마다 기도하며
주님께 아뢰어 본다
주여, 불쌍히 여기소서
정결케 하소서

간절한 마음 하늘에 닿았는지
오늘은 평화로움 몰려온다
가슴 가득 기쁨 휘몰아친다

뜨거운 눈물 뺨을 타고 흐른다

오늘의 기도

오늘도
새날을 허락하신
주님께
감사와 찬송을 드립니다

부족하고 연약한
저와 저희 가정을
이 시간까지 보호 인도하심에
감사 찬송드립니다

주님의 말씀에
순종하며 살아갈 것을
간절한 마음으로
기도드립니다

꽃보다 예쁜 당신

코스모스 필 때
당신이 있었다
꽃잎 같이 커다란
눈망울 꽃처녀

우린 연신 코스모스
정원 안에서
서로 사랑했다
만남의 축복이었다

세월은 구름같이
흘러가지만
코스모스 피는
풍성한 가을이 오면

내 마음 지금도
행복에 젖는다
꽃보다 예쁜 당신

가슴에 담는다

가을의 마음

동산의 해오름
오늘을 연다
이슬 머금고
꽃들 미소로 반긴다

농부는
곡식 익는 소리에
허리 펼 날 없지만

풍성한 가을
풍요로운 마음
따뜻한 미소로

서산의 저녁노을
등에 업고
달빛 지나는 언덕길 넘어

쉼과 행복 담긴

둥지로 콧노래 부르며
천천히 가고 있다

편백나무 향기 뿜는 귀거래사 이른 수

— 이윤석의 『계절 위를 걷다』 간행에 붙여

오양호 | 문학평론가

이미 시인으로 등단했는데도 작품 한 편 읽어본 적 없고 이름도 생소한 시인의 작품을 해설하는 것은 마음이 편하다. 아무런 선입견이 없고, 맺은 인간관계도 없으니 보탤 것도 뺄 것도 없이 느낌대로 운필하면 되기 때문이다. 그러나 『계절 위를 걷다』는 한촌閑村으로 돌아간 이윤석 시인이 망 산수傘壽에 내는 시집인데 그것이 첫 시집이자 끝 시집이라며, 해설을 부탁하는 유만상 사백詞伯의 말이 지나치게 간곡하고 뒷맛을 남겨, 원고 도착을 은근히 기다렸다. 일사逸士를 발견하는 행운이 될지도 모른다는 기대감 때문이었다. 그 기대감은 "검소하되 누추하지 않고, 화려하나 사치스럽지 않다 · 儉而不陋華而不奢"였다.

이윤석은 '시인의 말'에서 "도시 생활만 하던 제가

고향에 가서 살면 좋겠다는 아내의 간청으로 그녀의 향리인 당진의 한 숲속에 둥지를 틀었습니다."라고 했다. 그리고 그의 시는 그 숲속의 둥지를 튼 이후 노년기의 일상을 일과 명상 속에서 시를 쓰며 보내고 있다.

명상의 고요 속 시간은 흐름을 멈춘다. 시간의 한가운데 앉아 있으면 시간 안으로 파고들어 오는 영원의 존재를 느끼기 때문이다. 명상은 스스로를 시간화하는 것이고, 그것은 자신의 시간을 그것과 무관하게 하나의 기회로 활용하는 행위다.

늙음은 선택한 것이 아니라 스스로 찾아오는 생명의 한 과정이다. 이 세상에 생명체 치고 늙지 않는 존재는 없다. 어떤 존재도 그걸 거역할 수 없고, 반품도 할 수 없다. 무서운 생명의 종말이다. 그리고 모든 생명체는 이 과정 다음에 죽음을 맞이한다. 만물의 영장 인간도 예외가 아니다. 인간 지능과 맞먹는 AI도 발명하지만 이 늙음을 멈추게 하는 재주는 없다.

모든 사람은 이 무서운 존재, 늙음 앞에 절망한다. 되돌아보면 살아온 시간은 화려하고 찬란한데 이제 얼굴에 주름이 잡히고 검버섯이 돋으며 체력이 자신의 몸 관리에도 부치기 시작하면, 삶의 희망이 한정된 그 사실 앞에 삶을 정리한다. 그러나 그렇지 않은 사람도 있다. 인간의 내면에 이미 미래의 노인이 살고 있다는 것을 알고 삶의 태도를 바꿔 자기 성채를 쌓는 사람이다. 이윤석이 그렇다. 싯다르타(붓다)가 내 안에 이미 노인이 살고 있는 것을 알고 인생 철리를 바꾼 그런 삶이다.

싯다르타는 첫 외출에서 이는 다 빠지고 주름투성이에 꼬부라진 허리로 지팡이에 몸을 의지하고 알아들을 수 없는 말을 하며 손을 내미는 백발의 사람을 보고 놀랐다. 이때 왕자를 모시고 나온 마부가 사람이 늙어 노인이 되면 모두 저렇게 된다고 했다. 그러자 싯다르타 왕자는 이렇게 외쳤다. "오 불행이로다. 약하고 무지한 인간들은 젊음만이 가질 수 있는 자만에 취하여 늙음을 보지 못하는구나. 어서 집으로 돌아가자. 놀이며 즐거움이 다 무슨 소용이란 말인가. 지금의 내 안에 이미 미래의 노인이 살고 있도다."라고.

사람들은 내 안의 늙음을 미리 보지 못하고 늘 젊을 것처럼 산다. 늙음은 모든 인간이 피할 수 없는 숙명인데 딱하게도 사람들은 그걸 깨닫고 받아들일 준비를 미리 하지 않는다. 2023년 현재, 우리나라는 60대가 7,630,708명(14.87%)이고, 70대는 3,966,203(7.73%)이며, 80세 이상은 2.353,199명(4.58%)이다. 70대와 80세 이상을 노인으로 간주하면 약 6백 3십만명이 노인이다. 이윤석이 살다가 떠난 메트로포리탄 서울, 파고다 공원 뒤에는 노는 것이 일인 노인들이 우굴거린다. 그런데 그 노인들은 풍부

한 경험이 있고 삶의 지혜가 있으나 솔직히 소비 집단으로 내몰린 존재다.

그들은 시간을 소비하고, 음식을 소비하고, 생기 넘치는 삶에 그늘을 내린다. 그들 중 상당수는 아침나절부터 무료 급식소 앞에서 점심시간을 기다리다가 점심을 먹고 온종일 장기를 두며 시간을 보낸다. 젊은 날은 간난신고 속에 가족을 부양하고, 나라를 일군 주체였으나 지금은 에이츠의 시 「비잔티움을 향해Sailing to Byzantium」의 첫 구절처럼 "노인을 위한 나라는 없다 · That is no country for old men"는 존재가 되었다.

이제 고려의 기로회耆老會나 조선조의 기로소耆老所는 없다. 노인의 삶의 지혜는 폐기처분된지 오래다. 나라가 돈을 드려 노궁老窮을 건사해야 하는 관리 대상이다. 이런 정황을 전제하면 이윤석이 일찌감치 서울을 버리고 당진으로 내려간 것은 지중자애하다. 청장년기의 떳떳한 삶에 조금도 꿀리지 않는 삶을 살기 때문이다. 더욱이 그는 시로 인생 황혼을 잡백雜帛으로 짜고 있으니 어떤 사람보다 당당하다.

1. 시간의 한가운데에서

이윤석의 시간은 멈춰있다. 다음과 같은 작품을 보

자.

소털만큼 많던 세월 다 가고
바람에 낙엽 뒹군다.
저문 강안江岸
태양은 서산 앞에서 멈칫거린다.

수액은 뿌리로 내려가고
겨울이 오는 속도만큼
높고 낮은 산새 헤치고 달려온 인생

그 인고忍苦의 세월 목에 걸고
가을 끝자락에
나무에 지는 노을빛 쪼개는 망 산수傘壽

푸른 잎도 언젠가는 떨어지는데
진홍빛으로 물든 황혼의 바다 가운데
떠 있는 섬

하지만 파도는 잠들지 않고
해도 지지 않는다.

아직 먼 인생 길.

―「갈 길 먼 인생」 전문

이 작품에서 노궁老窮, 노약老弱, 노회老獪의 분위기를 투사하는 이미지는 없다. 시적 자아는 "바다 가운데 떠 있는 섬"의 주민으로 비유된 삶으로 산다. 시적 자아는 지금 "망 산수傘壽"이다. 그러나 그는 황혼의 바다 가운데 섬처럼 건재한다. 바다 가운데 섬은 시간이 정지된 곳이다. 사방이 바다이니 그 세계의 중력은 셈하기 어려울 만큼 무겁다. 중력이 강한 곳의 시간은 천천히 흐른다. 블랙홀 근처가 그렇다. 바다는 무한한 중력이 지배하는 곳이니 시간은 맥을 못 춘다. 또 바다는 빠르게 움직인다. 빠른 물체의 시간은 그 빠름과 달리 시간은 역비례한다. 이런 시간론을 전제하면 이 작품의 시적 자아는 시간의 한가운데 서 있는 셈이다. 시간의 한가운데에서는 시간의 개념을 망각한다. 젊은 날의 시간이 그렇다. 이팔청춘은 늙음을 모른다. 그래서 그들은 기회는 언제나 온다고 믿는다.

우리가 삶을 영위하는 이 삼차원의 세계는 모든 존재가 시간 안에서 변화하고 생성 소멸한다. 그런데 바다 한가운데의 시간은 선조적線條的인 것도 아니고 일정한 길이를 갖인 것도 아니며 그것은 때로는 느리게 심지어 멈추기도 한다. 카이로스가 지배하는 그 시간이다. 이탈리아 토리노 박물관에 있는 카이로스 석상에는 "나의 이름은 기회Opportunity이다. 나는 눈에 보이지 않아 누구에게나 다가가며 양손에는 칼과 저울이 들려 있어 기회라고 생각될 때 그 옳고 그름을 판단하고 냉철한 판단을 내리도록 한다."는 에피타프碑銘가 새겨져 있다고 한다. 이윤석이 "망 산수傘壽"에 "아직 먼 인생 길"이라 읊는 것은 아직 삶의 기회를 노리고 있다.

"푸른 강물 따라/대호대교에/토실토실한 비가 내린다//은빛 벚꽃 터널 따라/차창 속으로 들어오는/마음 쉬어 가게 만드는 그림//꽃잎은 바람 따라 휘날리며/나그네 가슴속으로/사락사락 스며드는데//피었다 지는 것이/자신의 사명임을 아는지/묵묵히 꽃비를 뿌린다//하얀 꽃비 퍼레이드 속으로/세월 잠시 묶어 둔 백발의 나그네도/오늘은 꽃비가 되고 싶어진다."는 「지나가는 세월」도 「갈 길 먼 인생」과 맥락이 같다. 인생을 지나가는 세월로 인식하나 그는 아직 노년기의 적막하고 비참한 심회, 인생 황혼의 우울은 없다.

2. 팔순에 띄우는 연서

이윤석이 "여보게 친구/팔순 축하 노래하자/먼 길 돌아돌아 여기까지 왔네"(「면류관」)라며 늙음을 임금의

왕관처럼 자랑한 것이 몇 해 전이니 이제 어지간히 살
은 셈이다. 그러나 그는 아직 미처 부르지 못한 사랑
의 노래를 부른다.

배롱나무 밑 정원을
온통 점령한 봉선화

설레는 추억 한 장
데려다준다

노을빛 가득한 아내
꽃잎 따서
손톱에 물들이며
소녀같이 행복한 미소 피워 올린다.

그런 아내 바라보고 있는 나는
타임머신을 타고
수줍은 소년으로 되돌아가
발그레한 미소 짓고 있다.

아내 얼굴 위로
봉선화 꽃물 가득 들고
내 얼굴에는

아내의 행복한 얼굴이 물들고
—「봉선화」전문

이 작품에서 만약 "소녀같이, 그런 아내 바라보고 있는 나는/타임머신을 타고" 같은 구절을 삭제한다면 이 작품은 사춘기 소년의 연가戀歌로 읽힐 것이다. 작품 그대로 읽으면 노인이 된 청년이, 아내는 여전히 봉숭아 꽃으로 자신을 행복하게 한다는 애정 백서다. 시적 화자는 봉선화가 피는 것을 보면서 봉선화처럼 발그레한 처녀 시절의 아내를 떠올린다. 자연의 섭리대로라면 아내의 얼굴에는 지금 저승꽃이 피었을 터인데 콩깍지가 끼인 눈은 여전하여 그것을 못 본다. 애정의 역설적 논리가 자연의 진리로 굴절되고 있다. 귀 전원한 행복한 삶의 은혜다. "나는 꽃의 이름을 배우는 것이 아니라 그 안에서 살아있는 신의 질서를 배우려 한다. 꽃은 아무것도 바라지 않는다. 다만 햇빛을 향해 조용히 자신을 드러낼 뿐이다"라는 한, 시인 존 러스킨의 노년기 삶, 그 가드닝Gardening 삶이라 하겠다.

배롱나무 우듬지 저 멀리 보래구름 날고, 풀 향기 속에 피는 봉선화, 그 분홍빛 꽃물을 손톱에 들이는 삶은 존 러스킨이 예술은 다른 것이 아니라 자연을 따르는 행위이고, 자연의 질서를 존중해야 하는 것이며 꽃과 식물은 도덕적 미적 진리를 드러내는 생명의 이해라는 그 예술관의 짝패다. 땅을 돌보며 사는 삶은 「꽃보다 예쁜 당신」에서도 그런 시쓰기가 백년해로의 가드닝 삶으로 변용된다. 편백나무 향기 바람에 날리고, 코스모스 피는 전원에서 "꽃잎 같이 커다란/눈망울 꽃처녀//우린 연신 코스모스/정원 안에서/서로 사랑했다./만남의 축복이었다.(「꽃보다 예쁜 당신」)"며 행복했단 젊은 날을 호출하며 즐거워하는 것이 그렇다.

3. 전원 속 노년의 시간

인간의 삶은 시대를 지배하는 풍조, 생활 양태, 자아의 생존 철리에 따라 부단히 굴절된다. 지금 우리 인간은 자본주의의 극점이라 할 만하고, 과학 문명의 정점이라 할 만한 시점에서 하루하루를 긴장 속에서 살아간다. 이윤석이 살다 떠난 서울이 특히 그러하다. AI가 인간을 희롱하고, 세계를 선도하는 K팝이 메스컴을 휘젓는다. 이런 시대는 노인이 설 자리는 없다. 그런 세상은 젊은이들에게 넘어갔다.

19세기 말 군중의 갑작스런 등장에 파리의 건달 시인 보드레르가 기겁을 했듯이 지금 한국의 젊은이들은 갑작스레 닥친 고령사회Aged society에 놀라며 노인들의 공로와 그 지혜를 모르는 채 내치고 있다. 이윤석은 그런 사회 풍조를 감지하고 일찌감치 '알아서' 전원으로 돌아갔다. 전원의 그 불변의 순리에 유혹당한 까닭이다. 그리고 거기, 무심無心 무욕無慾, 무욕無貪 3無 속에서 노장老丈, 노실老實, 노공老功, 노수老手, 노성老成의 노인 대장부 삶을 만끽하고 있다.

가을이 익어가는 시간
이파리는 말라 떨어지지만
뿌리는 겨울 맞을 준비한다.

동구 앞 코스모스
가녀린 목 빼고
집 떠난 지아비 기다리고

선물처럼 찾아온 하루
푸른 하늘도 바람 타고
흐린 창가 그림처럼
저물어간다.

초저녁 별빛 허전하고
달무리도 외로운 시간
산등성이 국화꽃

무리무리 노랗게 피어나는데

산 비둘기 목을 열어
짝을 찾아 고개 넘는다.

고개 저 너머로
가을은 익어가고

가을이 오는 언덕 너머
언덕 너머 山 山 山
강물은 또 몇천 리

산 다하고 물 다하는
이곳
새 둥지 5년
시간은 귀양가고 없다.
—「가을 노래」 전문

이 작품에는 노인성이 감지된다. 그러나 그것은 인
생 말년에 지난 세월을 돌아보며 허무감, 서러움, 애
달픔에 흠뻑 젖은 그것이 아니다. 세속에서 벗어나 마
음의 평화를 얻은 안일의 세계다. 전원의 무위자연無
爲自然이 시인의 전두엽을 지배하는 사유는 노화, 죽

음, 고독, 회상을 말끔히 지워버렸다.

늙음을 공포의 대상으로 인식하지 않고 미래의 가능성으로 인식한다. 시적 자아는 "언덕 너머 산 산 산/강물은 또 몇천 리//산 다하고 물 다하는/이곳/새 둥지 5년/시간은 귀양가고 없는" 세계에서 "강물은 또 몇천 리라며 앞날을 노래한다. 이런 달관達觀, 체관諦觀의 사유는 낯설지 않다. 우리의 정신사의 한 맥과 닿는 것이 그러하다.

"山 山 山" 구절을 상형문자象形文字 "山"으로 표기하여 산이 둘러싸이고 강건한 산 이미지를 시각화하여 죽음, 늙음의 우울기를 축출하고 있다. 그런데 이런 시적 진실의 형상화는 벼슬을 탐하지 않고 인생 말년을 달관, 체관諦觀 속에 유유자적한 저 합천 산골에 살던 조선조 선비 조식曺植의 남명서원 강학당講學堂에 걸린 「산천재시山天齋詩」의 그것을 닮았다. 이런 평가는 과찬일지 모른다. 그러나 시적 모티프며 그 발상이 유사한 것은 분명하다.

"산 밖에도 푸른 산이요 하늘 밖에도 또 하늘이네/흰 구름은 다함이 없어 한가로이 흘러가고/다만 근심은 산이 다하고 하늘이 다할까 하는 것/그러나 산은 또 산에 이어지고 물도 물에 이어지네 · 청산천외천靑山天外天 백운무진일유연白雲無盡日悠然 지수산진천환진只愁山盡天還盡 갱유산산여수련更有山山與水連"이란 그 세계다.

　"更有山山與水連"과 「가을 노래」의 "언덕 너머 산
산 산/강물은 또 몇천 리//산 다하고 물 다하는/이곳"
은 "산"을 통해 시적 진실을 형상화하고 있는데 그 시
적 발상이 다르지 않다. 이런 점에서 이윤석이 비록
"새날을 허락하신/주님께/감사를 드립니다.(「오늘의 기
도」)"는 크리스천이지만 그의 전원시Pastoral는 배달민
족의 그 자연을 통해 인간의 마음을 성찰하고, 그 미
학적 감수성이 귀거래의 대립 명제가 되어 우리 시의
중심축을 형성한 그 디앤에이를 내장하고 있다.

　시인은 자신이 사는 현실의 경험을 어떻게 자아화
하는가의 문제다. 특히 노년의 시간이 그러하다. 가령
사무엘 울만(S.Ullman)이 "청춘은 인생의 한 시절이
아니라 마음의 상태이다. Youth is not a time of life,
it is a state of mind"라고 하면서 "장밋빛 뺨, 붉은
입술, 탄력 있는 무릎이 아니라 의지와 상상력, 감정
의 힘에 있다. 인생의 어느 시기라도 이상을 잃으면
인간은 늙는 것이다. 세월이 주름을 얼굴에 새길지라
도 열정을 잃으면 영혼이 주름진다."는 그런 「청춘
Youth」의 사유이다. 이런 사유가 이윤석 시의 골갱이
를 형성한다. 그래서 그는 여든 넘은 나이에 연가를
부른다.

아침 이슬 속
작디작아 부끄러운 꽃
햇살에 눈이 시려
얼굴 붉힌다.

오래 보면 정들까 봐
잠시 잠깐 얼굴 내밀다
숨어버리는 베일 속 얼굴

뜨락 속 꽃잎들
노래하는 아침이면
별처럼 사라진 너를 찾아
가을빛 흐르는 구름다리 건넌다.

사랑 품은 그리움 안고
그리움 안은 사랑 품고
―「채송화 연가」 전문

　「채송화 연가」에 노회老獪, 노후老朽, 노둔老鈍의 우
울기는 그림자도 없다. 이 시는 사춘기를 갓 넘은 소
녀의 작품으로 읽힌다. "작디작아 부끄러운 꽃", "얼
굴 붉힌다.", "베일 속 얼굴"은 영락없는 소녀상 묘사
다. "오래 보면 정들까 봐/잠시 잠깐 얼굴 내밀다/숨

어버리는"같은 대문이 유독 그러하다. 독자는 여기서, 너무 깜찍해 얄미운, 그러나 사랑스런 열 일곱 살 쯤의 엽렵獵獵한 여자를 발견한다. 이런 글쓰기가 팔순의 시인으로서 어떻게 가능할까, "편백나무 향기 뿜는 귀거래사 이른 수"를 교육학자이자 시인인 울만이 갈파한 그 「청춘Youth」처럼 사유하기 때문일 것이다.